ESCHBACHER GESCHENKBÜCHER

für dich

das wort ist fleisch geworden

ein wort
aus einem wort
geklaubt
die welt
ist ihres sinns
beraubt

ein wort
zu einem wort
gestellt
gezeugt ist
eine neue welt

ein wort
zu einem wort
gesetzt
die schale
dieser welt
verletzt

ein wort
für eine sache
finden
aus dunkel-
heiten licht
entbinden

ein wort
mit unserm
fleisch
umhüllt
der sinn
der welt
in ihm erfüllt

Wilhelm Willms

ein Stern springt aus der Sternenbahn

Gedanken zu Weihnachten

Eschbach

der barbarazweig

wir messen
mit knospenden
zweigen die zeit
vom knospen
zum blühen
ist nicht mehr weit

wir hüten
die blüten
in unserem haus
sie sagen
im winter
den frühling voraus

wir trauen
den zeichen
dem zweig
und dem kind
wenn wir im dunkeln
beisammen sind

wir messen
mit knospenden
zweigen
die zeit
vom knospen zum blühen
ist nicht mehr weit

Vincent van Gogh, »Mandelbaumzweig«, 1888 ▶

Vincent

advent

der kahle
strauch
die spur
im schnee
das wunderblatt
im grünen klee
sie deuten an
sie deuten an
daß doch noch
etwas kommen kann

die stille
nacht
das liebes-
paar
das mädchen
mit dem stroh
im haar
sie deuten an
sie deuten an
daß doch noch
etwas kommen kann

der mann
der träumt
die schwangere frau
die dürre zeit
der morgentau
sie deuten an
sie deuten an
daß doch noch
etwas kommen kann

das licht
im haus
die offne
tür
der tisch
gedeckt
ein platz
ist leer
das deutet an
das deutet an
daß doch noch
einer
kommen kann

in diesen tagen

in diesen tagen
sah man sie schwanger gehn
die menschen alle

die mütter
schwanger vor liebe
die väter
schwanger vor gedanken
die kinder
schwanger vor träumen
die alten
schwanger vor weisheit
die armen
schwanger vor erwartung
die reichen
schwanger vor wer weiß was

die bäume schwanger vor frühling
vor sommer und herbst
die wolken
schwanger vor segen
die erde
schwanger vor blumenbeeten
die wüste
schwanger vor weizen und
obstbäumen
die welt
schwanger vor frieden

alle gingen schwanger

dann kam der tag
der lang ersehnte
und es stellte sich heraus
viele schwangerschaften
waren scheinschwangerschaften

es blieb alles beim alten
bei der lüge
beim krieg
beim hunger
und der mensch
wurde nicht geboren
der mensch
der dem menschen
zum menschen
werden sollte

ein lichtblick

es ist dunkel
manchmal ist unsere welt
gefährlich dunkel
da möchte man sich nicht mehr
auf die straße wagen

tödlich dunkel kann unsere welt sein
wer das nicht weiß
der weiß wenig

ein lichtblick ist da
das bild von
marc chagall ▶

er war ein prophet
er prophezeite
in bildern
in farben

er träumte
und hoffte
und glaubte
und liebte
und malte

er war ein jude
ein wirklich biblischer maler
überall in seinen bildern
sieht man
ein oder mehrere liebespaare
auch hier in unserem bild
ein liebespaar

für diesen propheten
ist das liebespaar
zum symbol
der zukunft
zum symbol einer neuen
menschenwürdigen welt
geworden

ein liebespaar
ein wirkliches liebespaar
sieht die welt neu
mit neuen augen

und mehr noch
für ein wirkliches liebespaar
ist die welt neu
sie hat eine neue qualität

für ein wirkliches liebespaar
braucht sich die welt kaum zu ändern
das weiß jeder
der einmal
mit einem anderen menschen
zum liebespaar geworden ist

Marc Chagall, »Das Brautpaar mit dem Eiffelturm«, 1938/1939 ▶

so könnte für uns
christen
das liebespaar
des malers marc chagall
zum symbol
der adventszeit werden

wir haben nichts mehr zu erwarten
von dieser welt
weder von der technik
noch von der wirtschaft

wir haben nur noch viel zu erwarten
von der phantasie der liebenden
aller liebenden

sie wird unserer tristen welt
neu farbe geben
der maler chagall
läßt in seiner phantasie
den eiffelturm blühen
in seiner phantasie
verbindet er alles getrennte
paris die weltstadt
mit seiner heimat witebsk
dem kleinen ort
hoch oben in rußland

aus der phantasie der liebenden
entsprang immer schon der himmel
und wo sie gar nicht ist
da wird die welt
dunkel

weihnachten

wir brauchen keinen osramstern

wir brauchen keinen neonstern

wir brauchen keinen zuckerstern

wir brauchen keinen mercedesstern

wir brauchen keinen illustrierten stern

wir brauchen keinen strohstern

wir brauchen keinen goldpapierstern

wir brauchen einen andern stern

wir warten auf einen andern stern

wir warten
auf einen stern
aus fleisch und blut

wir warten
auf einen stern
der ein auge für uns hat

wir warten
auf einen stern
der ein ohr für uns hat

wir warten
auf einen stern
der ein herz für uns hat

wir warten
auf einen stern
der hand und fuß hat

der ein wort für uns hat

wir warten
auf einen menschlichen stern
wir warten auf einen stern
der unser leben hell macht
der unser leben froh macht
der das leben auch
der ärmsten menschen
hell macht

wir brauchen einen stern
wie jesus einer war

wir warten
auf einen stern
der uns nicht hinters licht führt

wir brauchen einen stern
der uns heimleuchtet

heim
ins wahre leben
einen stern
der unsere erde
zum paradies macht

wir brauchten einen stern
wie jesus
der müßte
über uns aufgehen
ein jesusstern
über jedem haus
das ist unser traum
unsere hoffnung

wir brauchen
einen stern
wie jesus
der alle
sterne und stars
in den schatten stellt

dies soll euch zum zeichen sein

dies soll euch zum zeichen sein
zeichen zeichen
ohnegleichen

ein strohhalm hoffnung
eine armut froh

dies soll euch zum zeichen sein
zeichen zeichen
ohnegleichen

eine feder leicht
ein schmerzschrei nah

dies soll euch zum zeichen sein
zeichen zeichen
ohnegleichen

ein traumglück tief
eine liebe schön

dies soll euch zum zeichen sein
zeichen zeichen
ohnegleichen

ein lichtblick hell
eine träne schwer

dies soll euch zum zeichen sein
zeichen zeichen
ohnegleichen

eine handvoll trost
ein kind ein kind

dies soll euch zum zeichen sein
zeichen zeichen
ohnegleichen

Sieger Köder, »Geburt Jesu« ▶

INRI

lichteinfall

das licht
ist aus
im stall
der welt
seht da
wie licht
ins dunkel
fällt
ein einfall
wie nur gott
ihn kennt
die nacht
sie brennt

die nacht
der stern
das kind
im stall
ein heil'ger ort
im weltenall
wo gott
und mensch
sich einig
sind
in einem
kind

wir sind
die nacht
er ist
das licht
es trifft
auf uns
und es
zerbricht
seht da
das licht
der welt
an uns
in strahlen
zerfällt

dank

wir danken dir verborgener gott
für den stern
der über uns aufgegangen ist
jesus christus
für den stern
der die alte bahn verlassen hat
die bahn
die alle menschen ziehen
die alte bahn der welt
die bahn des unrechts
die bahn der lüge
die bahn der gewaltherrschaft

wir danken dir gott
für den stern
der über uns aufgegangen ist
über uns
über dem stall der welt
über unserer schuld
wir danken dir für den stern
für jesus christus
der licht in unser leben brachte

für ihn jesus
danken wir
auf den wir uns berufen können
für ihn
der das urteil über uns
als null und nichtig erklärt hat
für ihn
der gnade vor recht ergehen läßt
für ihn
der uns zum brot des lebens
geworden ist

um seinetwillen preisen wir dich
um seinetwillen
hören wir nicht auf zu hoffen
um seinetwillen
glauben wir an dich
um seinetwillen
der dich glaubhaft
bis aufs blut bezeugte

von nun an alle sterne lieben

der französische pilot und dichter
antoine de saint-exupéry
hat ein märchen geschrieben
DER KLEINE PRINZ
darin schildert exupéry
wie er mit seinem flugzeug
in der sahara notlanden mußte
und als er da nun wochen
in der wüste verbringen mußte
da tauchte auf einmal
ein kleiner junge bei ihm auf
der fragen stellte
der hilfe brauchte
sie freundeten sich an

eines tages
sagte der kleine junge
der kleine prinz
zum piloten ▶
morgen werde ich dich verlassen
warum
wohin
bleib doch
nein
ich muß dich verlassen
alle zeit ist bemessen
alles hat ein ende
aber wo gehst du hin
ich gehe auf einen anderen stern
aber sag mir
auf welchen stern
nein
das sag ich dir nicht
warum nicht
darum
sagte das kind
denn von nun an
wirst du alle sterne lieben
weil du nicht weißt
auf welchem stern ich bin
von nun an wirst du alle sterne
um meinetwillen lieben
weil du mich
auf jedem stern vermutest

das ist es
man muß einen punkt haben
einen ansatzpunkt haben
in dieser welt
eine perle gefunden haben
etwas
wirklich lieben
dann verwandelt sich
von diesem punkt aus
die ganze welt
und man wird auch nicht
so besitzergreifend
man wird allem gegenüber

Vincent van Gogh, »Die Sternennacht«, Arles, September 1888 ▶

gelöster
weil man ja in einem punkt
alles hat

suchen sie diesen einen punkt
diese eine perle
und verkaufen sie alles
was sie haben

um diese eine perle
diesen einen springenden punkt
zu gewinnen
sie haben sich nicht verkauft

wenn sie alles und jedes
haben wollen
sind sie verloren

stern mit schweif

ich habe einen stern gesehen
in einer nacht die furchtbar war
eine nacht kann ich euch sagen
voller einsamkeit
eine nacht voller unrecht
eine nacht voller verzweiflung
eine nacht kann ich euch sagen
voller trostlosigkeit
da hab ich einen stern gesehen
am himmel
und dieser stern
war schön
aufregend schön
allen die ihn entdeckten gingen
bei dessen licht die augen auf
wirklich denen
die vorher nichts mehr sahen
weil die nacht so blind machte
die böse nacht
all denen diesen blindgewordenen
gingen die augen auf
ah – – – sagten sie
da kann man ja wieder sehen

und wer den stern entdeckte
der merkte
dieser stern spricht
der sagt so schönes
daß selbst die taubsten
die nicht mehr hören wollten
daß denen die ohren aufgingen
die hoben plötzlich die köpfe
und sagten ▶ pst seid still
wir wollen hören
hört da den stern
der stern sagte ▶ hört
allen die schuldig wurden
sei ab sofort verziehen
allen die nicht mehr ein noch aus
wissen
zeige ich einen weg
kommt sagte der stern
kommt aus der nacht heraus
in mein licht

und dieser wunderbare stern
hieß
nicht kleiner bär
oder großer bär
oder kassiopeia
oder großer wagen
nein
dieser stern hieß jesus von nazaret
wie da die lahmen
in seinem licht sprangen
wie da die toten aufstanden
als sie diesen stern spürten

und der stern hatte
einen ungeheur großen schweif

der reichte vom jahre null
bis heute
und darüber hinaus
und dieser schweif
bestand aus vielen kleinen
und schönen leuchtenden sternen
und als ich näher hinsah
da erkannte ich in diesem lichtschweif
einzelne wunderbare typen
die ein licht verbreiteten
daß einem hören und sehen verging
ein wunderbarer lichtschweif
vom jahre null bis heute
und darüber hinaus
ein heiliger schweif

auch bekannte aus meiner umgebung
sah ich
leuchtende sterne
und ich hab sie gefragt ▶
wie ihr seid auch
schweif des jesussterns
da sagten sie
ja und
es ist doch so dunkel
so schrecklich dunkel in unserer welt
die dunkelheit ist doch so tödlich
da muß man doch
ein bißchen licht verbreiten
wo soll das sonst hingehen

uns ist ein licht aufgegangen

uns ist ein licht aufgegangen
ihm folgen wir

wir haben lunte gerochen
im leeren stroh

wir haben brücken gesprengt
nicht mehr zurück

wir haben den stab gebrochen
über uns selbst

uns sind die augen aufgegangen
über dem kind

es werde

es werde
es werde
hell auf der erde

aus klein werde groß
aus wenig werde viel
aus dunkel werde hell

es werde
es werde
hell auf der erde

aus trauer werde freude
aus haß werde liebe
aus wüste werde garten

es werde
es werde
hell auf der erde

aus heute werde morgen
aus worten werden taten
aus erde werde himmel

es werde
es werde
hell auf der erde

aus knospe werde blüte
aus korn werde ähre
aus tropfen werden meere

es werde
es werde
hell auf der erde

Paul Klee, »Städtische Komposition mit gelben Fenstern«, 1919 ▶

Klee

menschverlassenheit

o gott
o gott
von betlehem
in menschverlassenheit
geh nicht
zurück
aus unserm stall
in deine ewigkeit

der stern
der stern
von betlehem
geht uns nicht mehr
voran
wir steuern
mit dem erdenstern
ganz andre ufer an

o gott
o gott
von betlehem
in menschverlassenheit
geh nicht
zurück
aus unserm stall
in deine ewigkeit

der mensch
ganz fern
von betlehem
sagt einen
menschen an
der gottverlassen
mit der zeit
sich selbst vernichten
kann

o gott
o gott
von betlehem
in menschverlassenheit
geh nicht
zurück
aus unserm stall
in deine ewigkeit

o mensch
o mensch
von überall
in gottverlassenheit
kehr doch zurück
nach betlehem
in gottserbärmlichkeit

Wilhelm Willms (1930–2002), Pfarrer des Bistums Aachen und »sprachbegabter Mann mit einer sensiblen Beziehung zur Bilderwelt der Bibel, verkündet keine Einsichten, trifft keine Feststellungen, predigt nicht …; vielmehr überläßt er sich seiner theologisch-poetischen Phantasie« (Vilma Sturm in der Frankfurter Allgemeinen Zeitung). Viele seiner Texte wurden vertont, u. a. von Peter Janssens, der auch die Musik zu den drei Wilhelm Willms-Musicals schrieb (»ave eva oder der fall maria«, »franz von assisi« und »circus mensch«).

Textnachweis
Die für dieses Buch ausgewählten Texte sind mit freundlicher Genehmigung des Verlags Butzon & Bercker, Kevelaer, folgenden Veröffentlichungen entnommen:
S. 4, 9, 12/13, 17 aus: Wilhelm Willms, roter faden glück. lichtblicke © 1974 Verlag Butzon & Bercker, Kevelaer [5]1988, 2.42, 7.28, 9.1, 9.15.
S. 20 f. aus: ders., aus der luft gegriffen, © 1976 Verlag Butzon & Bercker, Kevelaer, [4]1984, S. 156 (gekürzt und geringfügig bearbeitet).
S. 10/12,18 f. aus: ders., mit gott im spiel. sprachspuren des kirchenjahres, © 1982 Verlag Butzon & Bercker, Kevelaer, S. 28 f. (gekürzt und geringfügig bearbeitet), 73 f.
S. 6, 8, 14, 16, 21, 22, 24, U4 aus: ders., meine schritte kreisen um die mitte. neues lied im alten land, © 1984 Verlag Butzon & Bercker, Kevelaer, S. 85, 83 f., 81 f., 89 f., 88, 86 f., 92 f., 91.

Bildnachweis
S. 7: Vincent van Gogh (1853 Groot-Zundert/Brabant – 1890 Auvers), »Mandelbaumzweig«, 1888; Öl auf Leinwand, 24 x 19 cm; Stichting Van Gogh Museum, Amsterdam.
S. 11: Marc Chagall (1887 Witebsk/Weißrußland – 1985 St.Paul de Vence), »Das Brautpaar mit dem Eiffelturm«, 1938/39; Öl auf Leinwand, 148 x 145 cm; Privatbesitz, © VG Bild-Kunst, Bonn 2003 (Bildvorlage: Artothek, Weilheim).
S. 15: Sieger Köder (geb. 1925 in Wasseralfingen, lebt in Ellwangen), »Geburt Jesu«, Rosenberger Altar (Ausschnitt), © Sieger Köder (Bildvorlage: Schwabenverlag AG, Ostfildern).
S. 19: Vincent van Gogh (1853 Groot-Zundert/Brabant – 1890 Auvers), »Sternennacht«, Arles, September 1888; Öl auf Leinwand, 72,5 x 92 cm; Paris, Musée d'Orsay (Bildvorlage: Artothek, Weilheim).
S. 23: Paul Klee (1897 Münchenbuchsee bei Bern – 1940 Muralto bei Locarno), »Städtische Komposition mit den gelben Fenstern, 1919, 167; Aquarell auf Papier auf Karton, 29,9 x 22,3 cm; Ulmer Museum, Stiftung Sammlung Kurt Fried, Ulm; © VG Bild-Kunst, Bonn 2003.

Bibliographische Information der Deutschen Bibliothek

Die Deutsche Bibliothek verzeichnet diese Publikation in der Deutschen Nationalbibliographie; detaillierte bibliografische Daten sind im Internet über http://dnb.ddb.de abrufbar.

ISBN 3-88671-294-X

Im Alten Rathaus/Hauptstr. 37
D-79427 Eschbach/Markgräflerland

Konzeption: Martin Schmeisser, Verlag am Eschbach.
Umschlagbild und Gestaltung: Ulli Wunsch, Wehr.
Satz und Repro: Schwabenverlag mediagmbh, Ostfildern.
Herstellung: Süddeutsche Verlagsgesellschaft Ulm.

Dieses Geschenkbuch ist – inhaltlich identisch – auch als Eschbacher Geschenkheft erschienen (ISBN 3-88671-287-7).